Fiona Macdonald hat in Cambridge Geschichte studiert, an der Universität von Norwich die Geschichte des Mittelalters erforscht und Kinder und Erwachsene unterrichtet. Sie hat geschichtliche Werke verfaßt und zahlreiche Kinderbücher veröffentlicht.

John James wurde 1959 in Rom geboren, hat am Eastbourne College of Design studiert und viele Kinderbücher illustriert. Er hat gemeinsam mit Mark Bergin die Illustrationen zu »Griechenland unter Perikles« geschaffen; außerdem ist er auch der Illustrator von »China unter Schi Huang-ti« und »Richard Löwenherz«, die bereits in dieser Reihe erschienen sind.

Nick Harris wurde 1958 in Hampshire geboren und hat 1982 sein Studium am Art College abgeschlossen. Heute lebt und arbeitet er in Gloucestershire, wo er sich auf das Illustrieren von historischen Kinderbüchern spezialisiert hat.

Die Reihe besteht aus 12 Bänden:

* ÄGYPTEN ZUR ZEIT RAMSES' II., dem großen Pharao
* GRIECHENLAND UNTER PERIKLES – die Blütezeit Athens
* CHINA UNTER SCHI HUANG-TI, dem großen Herrscher und Erbauer der Chinesischen Mauer
* CHRISTOPH KOLUMBUS, der Entdecker Amerikas
* DIE WIKINGER, wagemutige Seefahrer des Nordens
* BABYLON ZUR ZEIT HAMMURAPIS, dem Erbauer des TURMS VON BABYLON und ersten Gesetzgeber
* MARCO POLO, der große Venezianer und Entdecker Chinas
* DAS REICH DER FRANKEN unter Karl dem Großen
* ROM ZUR ZEIT DER RENAISSANCE und der GROSSEN PÄPSTE
* PARIS ZUR ZEIT LUDWIG XIV, dem SONNENKÖNIG
* ROM UNTER KAISER AUGUSTUS, dem Begründer des Römischen Weltreiches
* RICHARD LÖWENHERZ und die großen Kreuzzüge

ABENTEUER
WELTGESCHICHTE

ROM
ZUR ZEIT DER
RENAISSANCE
UND DER
GROSSEN PÄPSTE

FIONA MACDONALD
NICK HARRIS
JOHN JAMES

DEUTSCH VON
VERONICA NEIPP-CORSINI

VERLEGT BEI
KAISER

Inhaltsverzeichnis

Leitung der Reihe: David Salariya,
Giovanni Caselli
Graphik: David Salariya
Illustrationen: Nick Harris, John James
Text: Fiona Macdonald
Beratung: John Law
Graphische Koordinierung: Giorgio Dini,
Janet Armstrong

Deutsche Erstausgabe.

Satz: Context OEG, St. Veit/Glan
Druck und Bindung: Giunti Gruppo Editoriale, Florenz

Einleitung

Dieses Buch erzählt vom Leben in Rom zur Zeit Sixtus' IV., der von 1471 bis 1484 Papst war. Heute ist uns dieser Papst vor allem deshalb in Erinnerung, weil er die Sixtinische Kapelle errichten ließ, die auch noch heute seinen Namen trägt, obwohl nach seinem Tod große Veränderungen vorgenommen wurden. Papst Sixtus IV. wird jedoch noch mit vielen weiteren wichtigen Bauwerken in Verbindung gebracht: er ließ in Rom eine große Brücke über den Tiber errichten, restaurierte und erweiterte ein Spital für Bedürftigte, die die Behandlung durch einen Arzt nicht bezahlen konnten. Darüber hinaus gründete er eine der ersten Bibliotheken und Kunstgalerien der Welt und ermutigte viele Künstler und Wissenschaftler, nach Rom zu kommen.
Als Papst spielte Sixtus sowohl in religiösen Belangen als auch in der Politik eine führende Rolle. Gleich bei seinem Amtsantritt sah er sich vor schwierige Probleme gestellt: die Stadt Rom, in der bereits seit geraumer Zeit Mißwirtschaft und Not herrschten, war dem Verfall preisgegeben. Vom einstigen Glanz war nur mehr ein trauriger Rest geblieben. Der Kirchenstaat, also die Gebiete, die dem Papsttum angehörten, wurde von Unruhen erschüttert und von den mächtigen Staaten, die im Norden und Süden an ihn grenzten, bedroht. Innerhalb der katholischen Kirche herrschte Mißstimmung aufgrund der aufgebrochenen Gegensätze. Auf den nächsten Seiten werden wir lesen, wie Sixtus sich mit diesen Problemen auseinandersetzte und sie während seines Pontifikats löste.

Die Erziehung

Sixtus wurde 1414 als Francesco Della Rovere in Savona, Ligurien, in eher ärmlichen Verhältnissen geboren. Während seines ganzen Lebens bemühte er sich, seinen Verwandten und vor allem seinen Neffen zu einer angesehenen sozialen Stellung zu verhelfen. Einigen verschaffte er eine gute Anstellung am päpstlichen Hof, und für andere arrangierte er vorteilhafte Eheschließungen. Ein Beispiel dafür war die Heirat eines seiner Verwandten mit einer jungen Dame aus dem Hause der Sforza, die damals Mailand regierten.
Sixtus wurde von guten Privatlehrern in Griechisch, Latein, Philosophie und antiker Literatur unterwiesen. Viele Wissenschaftler waren von den im 15. Jahrhundert entdeckten Texten des klassischen Altertums – Kopien von Werken, die auf die Zeit der Griechen und Römer zurückgingen – und den Funden von Münzen, Medaillen, Skulpturen, Tempeln und anderen Gebäuden jener Zeit tief beeindruckt.
Diese Wiederentdeckung längst vergangener Blütezeiten, die oft als »Renaissance« bezeichnet wird, brachte auch eine neue Weltanschauung mit sich: sie regte die Menschen zum Denken an, und die Lebensumstände jener Zeit wurden in Frage gestellt und offen diskutiert. Die kirchlichen Lehren, die Regierungsmethoden, die Unterrichtsfächer an den Schulen und Universitäten, ja sogar die Stile der Architektur und der Malerei wurden im Licht der antiken Werte neu untersucht und waren manchmal auch scharfer Kritik ausgesetzt.

Die Erfindung der Buchdruckerkunst im 15. Jahrhundert begünstigte die Verbreitung der Renaissanceideale: in ganz Europa wurden Übersetzungen griechischer und lateinischer Schriftsteller, Abhandlungen über Philosophie, Politik, Kunst und Architektur gelesen und diskutiert.

Sixtus war ein hochgebildeter Mann; er hatte an den berühmten Universitäten in Bologna (auf Rechtswissenschaften spezialisiert) und in Padua studiert. Wegen der Begünstigungen, die er seinen Verwandten angedeihen ließ (Vetternwirtschaft genannt), wurde er oft kritisiert.

Papst Sixtus IV.

Francesco Della Rovere, der zukünftige Papst Sixtus IV., entschied sich bereits in seiner Jugendzeit für die kirchliche Laufbahn, die für einen intelligenten, scharfsinnigen und gebildeten jungen Mann einen der sichersten Wege darstellte, Berühmtheit und Reichtum zu erlangen. Die katholische Kirche war eine große internationale Organisation, die mittels eines hochentwickelten Verwaltungssystems regiert wurde. Der Papst als Kirchenoberhaupt und seine Bischöfe (in Europa ungefähr 700, die für bestimmte geographische Gebiete zuständig waren) hatten zahlreiche Beamte, Sekretäre, Diplomaten, Buchhalter, Anwälte und Berater unter sich. Sixtus, der 1471 zum Papst gewählt wurde, erwies sich als tüchtiger Verwalter und schlauer Politiker.

Um die höchsten Ämter in der Kirchenverwaltung einnehmen zu können, mußte man entweder Diakon oder Pfarrer sein oder aber in einen geistlichen Orden eintreten, also Mönch werden. Sixtus trat in den im 13. Jahrhundert vom heiligen Franz von Assisi gegründeten Franziskanerorden ein.
Wie alle Novizen mußte auch der zukünftigte Papst Sixtus das Armuts- und das Keuschheitsgelübde ablegen und dem Oberen des Ordens Gehorsam leisten. Im Laufe der Jahre und vor allem mit dem Anwachsen seiner Macht vergaß Sixtus anscheinend seine feierlichen Versprechungen, doch vergaß er nie die Franziskaner, die er sein ganzes Leben lang begünstigte und denen er hilfreich zur Seite stand.

Rom zur Zeit der Renaissance

Die ruhmreichen Zeiten Roms, der einstigen Hauptstadt des Römischen Reiches, waren im 14. Jahrhundert nur mehr eine weit zurückliegende Erinnerung. Die Pest, die schlechte Verwaltung und die weit verbreitete Kriminalität hatten die Anzahl der Einwohner stark dezimiert. Die Lage hatte sich bereits etwas gebessert, als Sixtus zum Papst gewählt wurde, denn seinen Vorgängern war es gelungen, den Großteil der umliegenden Gebiete wieder unter die Kontrolle des Kirchenstaats zu bringen. Dies war von außerordentlicher Bedeutung, da Rom aus diesen Gebieten die wichtigsten Grundnahrungsmittel, wie z. B. Weizen, Salz, Fleisch und Wein, bezog.

Bereits einige Vorgänger Sixtus' – vor allem Papst Nikolaus V., der von 1447 bis 1455 im Amt war – hatten mit dem Wiederaufbau der Stadt begonnen: die antiken Ruinen sollten renoviert werden, und die Errichtung neuer Gebäude im Renaissancestil war geplant.

Nikolaus V. war wie seine Nachfolger fest entschlossen, die Stadt Rom wieder zur Hauptstadt der Welt zu machen.

Im 15. und 16. Jahrhundert gab es in Rom noch vielerorts Reste von Gebäuden aus der Kaiserzeit. Bevor man sich jedoch wieder für die Vergangenheit interessierte, wurden diese Ruinen als Baumaterialien für neue Konstruktionen verwendet: so wurden z. B. Reliefs und Marmorstatuen zu Kalk gebrannt, den man zur Zementerzeugung benötigte.

Die Wege nach Rom

Seit der Gründung der katholischen Kirche war Rom das Zentrum des Christentums. Da in dieser Stadt der Papst residierte, wurde sie während des Mittelalters von den Gläubigen als heilige Stadt verehrt. Pilger aus allen Ländern Europas kamen nach Rom, um die zahlreichen heiligen Stätten zu besuchen, um die dort ausgestellten Reliquien zu bewundern und um an den Gräbern der Heiligen zu beten.

Rom war sowohl der Verwaltungs- als auch der Finanzsitz der katholischen Kirche. In Rom befanden sich die Archive, in denen Aufzeichnungen, wie z. B. über Urteile des Kirchengerichts, theologische Konferenzen, Predigten und Bittgesuche aufbewahrt wurden. Weiters konnte man in Rom – abgesehen von den Jahren des Großen Schismas (Kirchenspaltung 1389 bis 1417), als innerhalb der katholischen Kirche große Uneinigkeit herrschte und es anstelle eines einzigen Papstes einen oder zeitweise sogar zwei Gegenpäpste gab – eine Audienz beim Papst erhalten.

Schreiber, Sekretäre und Anwälte begaben sich nach Rom, um vor dem Papst und seinen Beamten ihre Rechtsstreitigkeiten auszutragen. An den päpstlichen Hof kamen auch die Steuereintreiber der Kirche, geistliche Würdenträger, die über die Finanzen und die Politik der katholischen Kirche sprechen wollten, sowie Botschafter anderer Länder, deren Fürsten oder Könige an einem Bündnis mit dem Papst interessiert waren.

Die Bewohner Roms verdienten ihren Unterhalt, indem sie Pilger, Besucher und Reisende aufnahmen, die nach Rom kamen, um mit der Kirche Geschäfte zu machen. Sie boten auch dem Kirchenpersonal, das die meiste Zeit in Rom verbrachte, Kost, Unterkunft, Vergnügungen und auch Bankdienstleistungen an. Bevor es den Päpsten gegen Mitte des 15. Jahrhunderts gelang, die Stadt und die umliegenden Kirchenstaaten unter ihre Kontrolle zu bringen, konnte eine Reise nach Rom zu einem gefährlichen Unterfangen werden.

Die Politik

Während des 15. Jahrhunderts war die politische Lage in Italien ziemlich verworren und ungewiß, denn damals gab es keine geeinte Nation, sondern mehrere unabhängige Stadt-Staaten, die danach strebten, ihre Macht auszubauen. Der Süden Italiens, Sizilien und die Gebiete rund um Neapel, gehörten dem Herrscher von Aragon (eine Region im Nordosten Spaniens). Im Norden kämpften die größeren Stadt-Staaten Mailand und Venedig darum, ihre Herrschaft auf die angrenzenden schwächeren Staaten auszudehnen. Im Zentrum wurde der Kirchenstaat von den Expansionsbestrebungen ehrgeiziger Fürsten bedroht, die in einigen Fällen danach trachteten, ihre Unabhängigkeit vom Papst zu erlangen.
Noch während des 13. Jahrhunderts waren die meisten Stadt-Staaten von Bürgerräten regiert worden. Die wichtigsten Bürger der Stadt diskutierten über politische Strategien, und auch wenn es manchmal zu heftigen Meinungsverschiedenheiten kam, so wurden die Entscheidungen doch gemeinsam getroffen. Gegen 1400 ging die Kontrolle der Städte jedoch von den Bürgerräten auf einige mächtige Familien über, wie die Medici in Florenz oder die Sforza in Mailand, die wie Fürsten herrschten. Manchmal verwalteten diese Familien ihre Städte gut, doch sehr oft zogen sie ihre Stadt im Kampf um die Vorherrschaft oder zur Verteidigung der eigenen Macht in eine nicht enden wollende Reihe von Verschwörungen, Entführungen, Giftmorden und Fehden hinein.

Als Papst konnte es Sixtus nicht vermeiden, in all diese Streitigkeiten hineingezogen zu werden: in Florenz z. B. war er in einen Zwist mit den Medici verwickelt, und man sagt, daß er für den Mord an Giuliano Medici verantwortlich war.

Während des 14. Jahrhunderts wurde Rom eine Zeitlang von einer Versammlung regiert, an deren Spitze der beliebte Cola di Rienzo stand. Seine politischen Ansichten – er war sowohl dem Papst als auch dem Adel gegenüber feindlich eingestellt und setzte sich für eine demokratische Regierungsform ein – hatten unter den einfachen Leuten große Zustimmung gefunden. Als Cola di Rienzo im Jahre 1354 ermordet wurde, brachen in der Stadt derartige Unruhen aus, daß es weder dem Adel noch dem Papst gelang, Rom wieder unter ihre Kontrolle zu bringen. Die Päpste trafen daher strenge Maßnahmen, um Recht und Ordnung wiederherzustellen. Sie schränkten die Befugnisse des Bürgerrates immer mehr ein und benahmen sich schließlich wie absolute Herrscher, deren wesentliches Interesse darin bestand, sich selbst und ihre Verwandten an der Macht zu halten.

Der Einfluß des klassischen Altertums

Mehr als tausend Jahre, bevor Sixtus zum Papst gewählt wurde, war Rom die prachtvollste Stadt der Welt gewesen. Die Regierenden und die reichen Bürger hatten riesige Geldsummen ausgegeben, um Tempel, Villen, öffentliche Bäder, Arenen, Triumphbögen, Grabmäler und Denkmäler zu errichten. Viele dieser Bauten überdauerten als Ruinen bis in die Zeiten Sixtus' und inspirierten Künstler und Architekten der Renaissance, die auf der Suche nach Modellen für ihre Werke die Spuren des antiken Rom verfolgten.
Diese Künstler beschränkten sich jedoch nicht darauf, die antiken römischen Bauwerke zu kopieren, sondern leiteten davon Ideen und Techniken zum Bau von Säulen, Bögen und Kuppeln ab, die sie dann bei ihren neuen Werken anwandten. So verbindet sich in der Engelsburg der klassisch-römische Stil mit Stilelementen des Mittelalters und der Renaissance.
Die Künstler und Architekten der Renaissance machten sich auch die römischen und griechischen Konzepte, Ausgeglichenheit, Harmonie und Ebenmaß, zu eigen. Die Gebäude wurden mit einfachen, regelmäßigen und symmetrischen Fassaden entworfen und nicht mehr mit Türmen und Türmchen, den typischen Stilelementen der in Nordeuropa vorherrschenden Gotik, verziert.

1

Die Engelsburg ist eine imposante Festung: sie wurde 135 n. Chr. als Mausoleum **(1)** für Kaiser Hadrian errichtet; im 15. Jahrhundert wurde sie im Renaissancestil **(2)** umgebaut.

2

Nachdem Rom jahrhundertelang dem Verfall preisgegeben war, bestand die Stadt nur mehr aus einem Haufen Ruinen, zwischen denen Schafe und Kühe ungestört grasten. Doch mit dem wiedererwachten Interesse für das klassische Altertum bildeten diese Ruinen eine Quelle der Inspiration für viele neue Bauwerke.

A Die römische Statue des Antinous. Dieses Werk inspirierte Donatello zu seinem David **(B),** der ersten nackten Bronzestatue in Lebensgröße seit dem klassischen Altertum.

Das Italien der Renaissance war ein Mosaik aus mehreren Staaten. Im Jahre 1455 bildeten die fünf mächtigsten Staaten – Mailand, Neapel, Venedig, Florenz und der Kirchenstaat – die Lega Italica, um die politische Stabilität zu sichern.

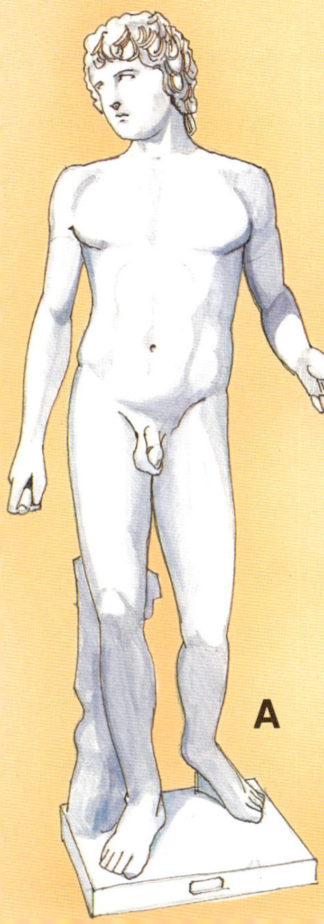

A

B

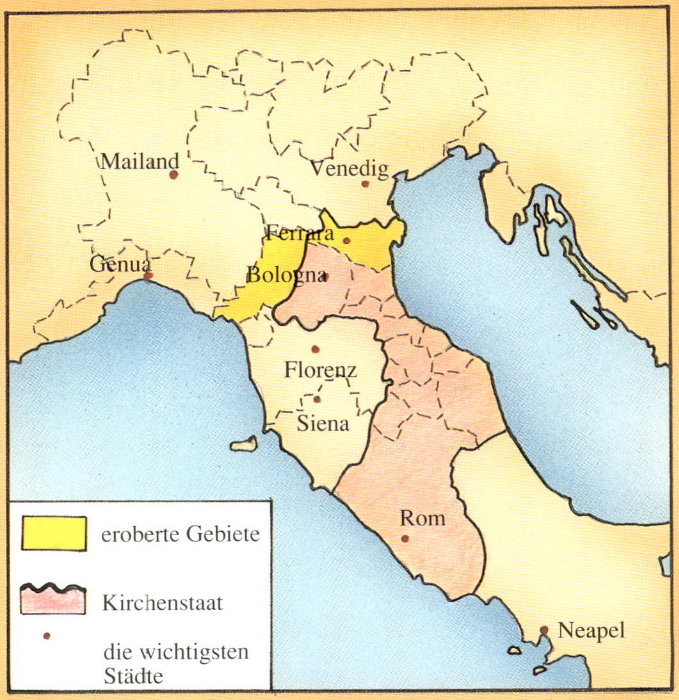

Die Sixtinische Kapelle

Papst Nikolaus V. hatte mit dem Wiederaufbau Roms im Renaissancestil begonnen, denn er wollte dem Papsttum und der Hauptstadt der Christenheit vor den Augen der Welt wieder zu Größe und Ansehen verhelfen.
Sixtus folgte seinem Beispiel und gab den Bau und die Renovierung prachtvoller Bauwerke in Auftrag, darunter die Sixtinische Kapelle (die Privatkapelle des Papstes im Vatikan), die Sixtus-Brücke über den Tiber, das Spital Santo Spirito und die Kirche Santa Maria del Popolo. Nach und nach wurde der Wiederaufbau auch auf die Gebiete außerhalb des Vatikans, auf das andere Tiberufer bis in das mittelalterliche Rom, ausgedehnt. Dieser Wiederaufbau war das Symbol für die neuerlangte Kontrolle des Papstes über die Stadt und ihre Umgebung.

Künstler aus allen Teilen Italiens sowie aus Frankreich und den Niederlanden kamen nach Rom, um die antiken Ruinen zu studieren und um mit eigenen Augen die neuen Bauwerke bewundern zu können. Die hervorragendsten Künstler lebten und wirkten in Florenz und anderen Stadt-Staaten der Toskana, wo seit Generationen reiche Mäzene junge Künstler für sich arbeiten ließen. Diesen Malern, Bildhauern und Architekten boten die Päpste nun riesige Geldsummen an, um sie nach Rom zu holen, wo sie mit ihren Werken zum Wiederaufblühen der Stadt beitragen sollten.

Die Künstler der Renaissance wollten – in Anlehnung an die griechische und römische Kunst – schöne Männer- und Frauengestalten schaffen.
Die Kenntnisse der menschlichen Anatomie reichten damals jedoch nicht aus, da die katholische Kirche die Sezierung der Leichen verboten hatte.
Um den Künstlern bei ihrer Arbeit zu helfen, beschloß Sixtus, dieses Verbot aufzuheben.

Unter den Texten, die von den Renaissancearchitekten als Studienmaterial herangezogen wurden, befand sich auch die einzige, aus der Zeit des antiken Rom erhaltene Schrift über Architektur: es handelte sich um ein Werk von Vitruvius Pollio, das die Baumeister in ganz Europa beeinflußte.

Die Konzile

Im Jahrhundert, das der Wahl Sixtus' zum Papst voranging, war die katholische Kirche von drei schwerwiegenden Ereignissen erschüttert worden. Zwischen 1309 und 1376 hatten die Päpste ihren Sitz im Exil in Avignon, einer Stadt im Süden des heutigen Frankreich. Zwischen 1378 und 1417 kam es dann zu einem Streit zwischen zwei Anwärtern auf den Heiligen Stuhl, die jeweils von rivalisierenden Königen und Fürsten aus verschiedenen Teilen Europas unterstützt wurden. Schließlich forderten viele Geistliche die Einberufung eines Konzils, um die Probleme der katholischen Kirche zu diskutieren und um die Handlungen der Päpste in gewissem Ausmaß kontrollieren zu können. Diese Geistlichen waren nämlich nicht mehr bereit, korrupte, egoistische oder unfähige Päpste zu dulden, und das Konzil war auch eine Reaktion auf zwei gleichzeitig regierende Päpste während der Großen Kirchenspaltung.

Obwohl sich die Päpste dieser Forderung widersetzten, wurde in den ersten Jahren des 15. Jahrhunderts ein Konzil einberufen, in dem verschiedene Aspekte der Kirchenverwaltung besprochen wurden.

Abgesehen von diesen innerkirchlichen Problemen mußten sich die Päpste auch mit dem Auftauchen ketzerischer Bewegungen in vielen Teilen Europas und mit immer lauter werdenden Forderungen nach Reformen auseinandersetzen. In beiden Fällen reagierten die Päpste mit Unterdrückung. Sixtus rief die europäischen Herrscher außerdem zu einem Kreuzzug auf, um die Stadt Konstantinopel zu befreien, die 1453 in die Hände der Türken gefallen war.

Obwohl viele der in Avignon residierenden Päpste weise und tüchtig waren, hatten die Menschen aufgrund der durch das Exil ausgebrochenen Verwirrung immer weniger Respekt vor der Kirche, und es wurde immer schwieriger, den Kirchenstaat zu regieren. Im Jahre 1460 verbot Papst Pius II. per Dekret, ein Konzil einzuberufen. Das Vergehen gegen dieses Verbot wurde mit der Exkommunikation bestraft. In den darauffolgenden Jahren erlangte die spanische Inquisition aufgrund der brutalen Methoden, mit denen die vermeintlichen Ketzer behandelt wurden, ihren schrecklichen Ruf.

Der Prunk der Kirche

Der heilige Petrus, der erste Papst, hatte sich selbst als »Diener der Diener Gottes« bezeichnet. Um 1480 ließ sich Sixtus von Melozzo von Forli in einem Bild verewigen. Dieses Werk ist bis heute erhalten und zeigt Sixtus, wie er seinen Zeitgenossen erschien: er hat nichts mit einem armen Diener gemein, sondern sieht wie ein mächtiger, gebildeter und selbstsicherer Regent aus, der er auch wirklich war.

Das Bild zeigt einen wohlgenährten, blühend aussehenden Sixtus, der in seidenen Gewändern auf einem bequemen Sessel sitzt. Zwei seiner im Vordergrund abgebildeten Neffen sind mit wertvollen Mänteln bekleidet und mit schwerem Goldschmuck behängt, während der dritte den Kardinalsmantel trägt. Zu seinen Füßen kniet der Bibliothekar Platina. Der Saal ist mit erlesenem Marmor ausgekleidet, und die geschnitzte Decke ist mit Gold verziert. Sixtus und die anderen Päpste der Renaissancezeit lebten wahrlich fürstlich: sie waren reich, mächtig, ehrgeizig und außerdem darauf bedacht, ihren Verwandten zu angesehenen und einträglichen Stellungen zu verhelfen. Sie beherrschten ein weitläufiges Gebiet, das von einem stehenden Heer verteidigt wurde, und verwalteten ihre Landgüter nach wirtschaftlichen Gesichtspunkten.

Es stellt sich die Frage, womit dieses Verhalten gerechtfertigt wurde. Nikolaus V. sprach im Sinne vieler Päpste, als er behauptete, daß der Reichtum und die Prunkentfaltung die einfachen Christen tief beeindruckten und ihren Glauben stärkten.

Sixtus gestattete den Priestern, ihre Güter den Verwandten zu hinterlassen und ermunterte sie dadurch, immer größeren Reichtum anzuhäufen und ihr Geld für den Kauf schöner Wohnungen, Bücher und Silber anstatt für wohltätige Zwecke auszugeben. Sixtus selbst war ein leidenschaftlicher Sammler. Seine Büchersammlung bildete die Grundlage für die wunderschöne Vatikanische Bibliothek, eine der größten der Welt und gleichzeitig eine der ersten, die der Öffentlichkeit zugänglich gemacht wurde. Zum Bibliothekar ernannte Sixtus Platina, einen hochgebildeten Gelehrten.

Der Alltag

Trotz der Entbehrungen, die gelegentlich durch die Kriege verursacht wurden, war in Italien ausreichend Nahrung vorhanden. Zu Beginn des 16. Jahrhunderts stellte Ortensio Lando eine Liste aller Spezialitäten aus den verschiedenen Städten zusammen, um Feinschmecker und alle jene zu verführen, die reich genug waren, um sich diese Leckerbissen leisten zu können. Venedig war das größte Importzentrum für Gewürze in ganz Europa. Sixtus und die anderen Päpste hatten eine große Auswahl an Nahrungsmitteln, doch womit ernährten sich die einfachen Leute in Rom? Aus einigen Berichten wissen wir, daß die Diener und Handwerker Brot, Salzheringe und Obst aßen. Auf den römischen Märkten konnte man Käse, Milch, frisches Gemüse, Olivenöl und Eier kaufen. Die armen Leute aßen nur selten Fleisch, da es zu teuer war. Darüber hinaus verbot die katholische Kirche den Fleischverzehr zur Fastenzeit und zu anderen Anlässen.

C Glas- und Kristallgegenstände aus Murano
D Zwei Terrakotta-Weinkrüge aus jener Zeit. Das fruchtbare Land, die Wein- und Obstgärten brachten reichlich Blumen, Früchte und Gemüse hervor.
E Weinlese
F Weinpresse
G Honiggewinnung

A Ein Diener, der einem wohlhabenden Paar das Essen serviert
B Messer und Gabel. Messer und Löffel waren bereits früher bekannt, die Gabel wurde jedoch erst im 15. Jahrhundert zum ersten Mal verwendet, und zwar in Venedig. Viele sahen dieses neue Besteck nicht gerne, da es der Gabel des Teufels glich.

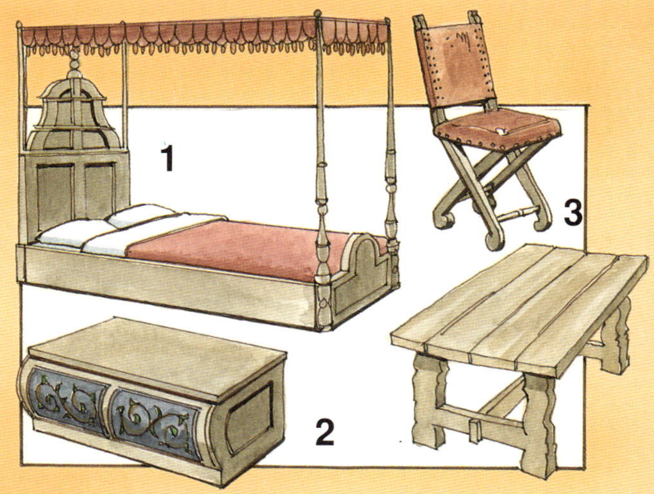

Die Wohnungen der Reichen waren mit sehr schönen und kostbaren Möbeln eingerichtet und waren ein Symbol für den Wohlstand ihrer Besitzer. Für Luxusgegenstände wurde das Holz von Zypressen und Nußbäumen verwendet. In den einfachen Häusern benutzte man anstelle von Sesseln Bänke und Schemel.
1 Bett mit Baldachin
2 Sitztruhe
3 Tisch und Sessel

Die Zeichnung nebenan stellt Frauen beim Zubereiten der Teigwaren dar und zeigt, wie Spaghetti auf einem Holzgestell zum Trocknen ausgebreitet werden.

Die Scheiterhaufen der Eitelkeit

Sixtus und die anderen Päpste der Renaissance zögerten nicht, ihre Stellung als geistliches Oberhaupt der katholischen Kirche auszunützen, um sich zu bereichern: sie »verkauften« Anstellungen und Beförderungen und begünstigten dabei jene Kandidaten, die höchste Summen bezahlten. Man konnte sich auch den Sündenablaß erkaufen, um weniger Zeit im Fegefeuer zubringen zu müssen. Wenn man zu all diesen Einkünften noch die von den päpstlichen Beamten eingetriebenen Steuern addiert, ergibt sich, daß die »geistlichen« Aktivitäten Sixtus mehr Geld eintrugen als seine Landgüter. Die Reformatoren prangerten diese und andere Mißbräuche an, wie z. B. den einträglichen Handel mit falschen Reliquien und Ablaßzahlungen. Darüber hinaus waren viele Geistliche ungebildet, faul und korrupt; Mönche und Ordensschwestern führten oft ein eitles und sinnentleertes Leben. Als Reaktion auf diese Mißstände begannen die Christen in Europa, Gottesdienste in Gruppen abzuhalten und in der Bibel zu lesen, um selbst die Antworten auf jene Fragen zu suchen, auf die die Amtskirche nicht zu antworten wußte.

Girolamo Savonarola war einer der berühmtesten italienischen Prediger. Er lebte und lehrte in Florenz (1452 bis 1498) und geißelte die Führung der katholischen Kirche sowie die Lebensweise der Menschen: er rief zu einem reineren, einfacheren und gottgefälligeren Leben auf und predigte, daß alle Menschen Gott um die Vergebung ihrer Sünden bitten sollten. Im Jahre 1492 ließ er zahlreiche »Scheiterhaufen der Eitelkeit« entzünden, auf welche die Gläubigen Luxusgegenstände aller Art warfen.

Die Renaissancekünstler

Botticelli, Perugino und Ghirlandaio bedienten sich der Freskotechnik, d. h. sie trugen die Farbe auf die noch feuchte, frisch verputzte Wand auf. Diese Technik erfordert große Geschicklichkeit, da die Farbe, sobald sie mit dem Verputz in Berührung kommt, sofort in die Wand eindringt und nicht mehr entfernt werden kann, um allfällige Fehler zu korrigieren.

In seiner dreizehn Jahre währenden Amtszeit häufte Papst Sixtus IV. gewaltige Reichtümer an. Doch er förderte auch die Kunst; er gab Gebäude, Skulpturen und Bilder in Auftrag und unterhielt einen gut ausgebildeten Chor, der in der päpstlichen Kapelle sang. Wie bereits Nikolaus V. vertrat er die Auffassung, daß die großartigen Bauten und die prunkvollen Zeremonien den Leuten größeren Respekt vor der Kirche einflößen würden.

Das berühmteste Gebäude, das Sixtus in Rom errichten ließ, war die Sixtinische Kapelle. Um die Wände dieser Kapelle mit Bibelszenen zu schmücken, holte Sixtus drei der berühmtesten Freskenmaler jener Zeit nach Rom; die Decke wurde später im Auftrag von Papst Julius II., einem Neffen Sixtus', von Michelangelo prachtvoll bemalt.

Botticelli, Perugino und Ghirlandaio hatten sich bereits einen Namen gemacht, als sie Sixtus nach Rom einlud. Warum er gerade diese drei Künstler auswählte, ist leicht zu beantworten: alle drei zeichneten sich dadurch aus, daß sie in ihren Werken Elemente der römischen Antike mit christlichen Elementen zu verbinden wußten. Viele Figuren ihrer Fresken waren römischen Originalen nachgebildet, und obwohl sich die Stile dieser drei Künstler voneinander unterschieden, paßten sie gut zueinander. Mit der Wahl Botticellis, Peruginos und Ghirlandaios brachte Sixtus in der Kapelle seinen Geschmack und seine Interessen zum Ausdruck.

Die Kultur

Die Lehrer der Renaissance waren der Ansicht, daß das Ziel der Erziehung darin bestand, den Menschen auf ein ehrliches Leben im Dienst der Gemeinschaft vorzubereiten. Die Gelehrten jener Zeit vertraten die Auffassung, daß die Erziehung nicht wie bisher nur auf religiösen Werten aufbauen sollte, sondern auf den sogenannten »humanistischen Gegenständen«, d. h. den Sprachen, der Literatur, der Geschichte und der Philosophie. Die Denker der Renaissance werteten den Menschen und seine Fähigkeiten auf. So schrieb z. B. Giovanni Pico della Mirandola, der als Philosoph jener Zeit viele Künstler beeinflußte, daß Gott den Menschen »in das Zentrum des Universums gestellt habe, damit er von dort aus die Welt besser betrachten könne«. Die Philosophen lehrten, daß sich die Menschheit auf halbem Weg zwischen den Engeln und den Tieren befinde. Sie vertraten die Ansicht, daß jeder Mensch potentiell die Anlagen in sich trage, sowohl große Werke zu vollbringen als auch fürchterliche Verbrechen zu begehen, und daß jeder Mensch für sich entscheiden müsse, welche Art Leben er führen wollte.

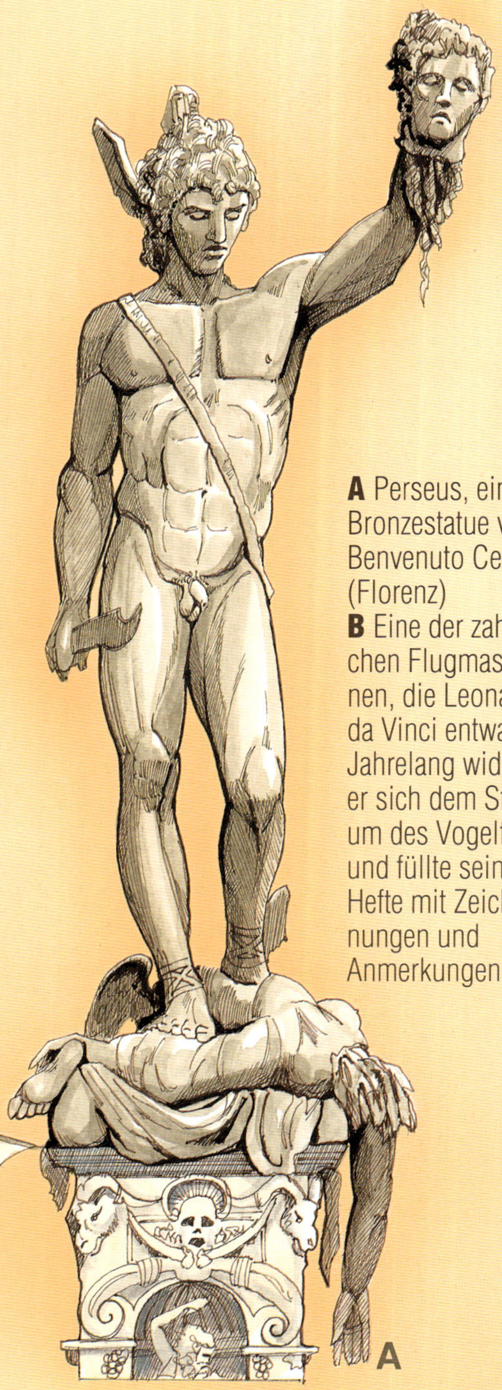

A

A Perseus, eine Bronzestatue von Benvenuto Cellini (Florenz)
B Eine der zahlreichen Flugmaschinen, die Leonardo da Vinci entwarf: Jahrelang widmete er sich dem Studium des Vogelflugs und füllte seine Hefte mit Zeichnungen und Anmerkungen.

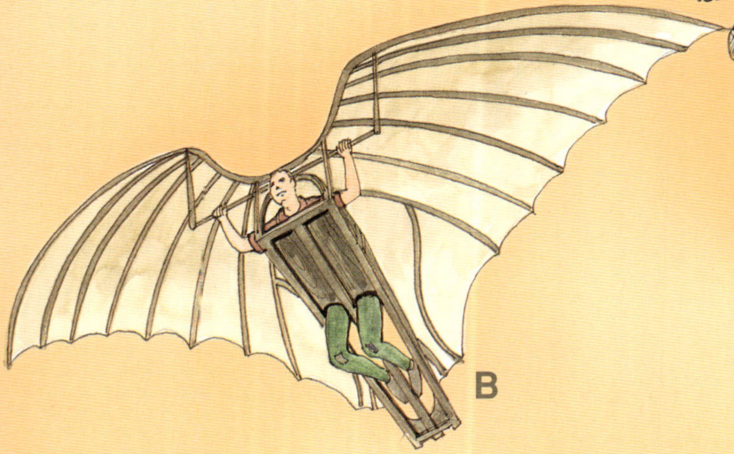

B

Die Perseusstatue wurde mittels der Technik der »verlorenen Form« hergestellt; die einzelnen Arbeitsschritte: Der Bildhauer modelliert die Figur aus Lehm **(1)**, überzieht sie dann zuerst mit Wachs und dann mit Gips. Diese Form wird erhitzt und dadurch das Wachs zum Schmelzen gebracht **(2)**. Der so entstandene Hohlraum wird mit flüssigem Metall ausgegossen **(3)**. Sobald die Statue abgekühlt ist, wird sie vom Gips befreit **(4)**.

Die Freskenmalerei:
a) Der Künstler trägt eine gut geglättete Verputzschicht auf die Wand auf
b) Die Zeichnung wird entlang der Konturen punktiert; dann wird der Karton an der Wand befestigt. Die Konturen werden mit einem mit Kohlenstaub gefüllten Stoffsäckchen nachgezogen.
c) Auf diese Weise wird die Zeichnung auf die Wand übertragen
d) Solange der Verputz noch feucht ist, trägt man die Farbe auf

Einer der Lehrer Sixtus', der Denker Galeotto Martius, vertrat die Auffassung, daß jeder Mensch, der sich »gemäß des natürlichen Gesetzes, das er in sich trägt« verhielte, hoffen konnte, ins Paradies einzugehen. Viele Geistliche betrachteten diesen Gedanken als Gotteslästerung und verurteilten Galeotto zum Tod. Sixtus rettete ihn – vielleicht, weil er für seinen alten Lehrer Zuneigung hegte, oder aber, und diese Hypothese ist wahrscheinlicher, weil er seine Ideen guthieß.

Zusammenfassung

Der florentinische Schriftsteller und Politiker Niccolò Machiavelli (1469 bis 1527) bezeichnete Papst Sixtus IV. als entschlossen und unternehmungslustig, als resoluten und energischen Mann, der große Taten vollbringen wollte, obgleich es ihm nicht immer gelang. Aus heutiger Sicht erscheint Sixtus eine widersprüchliche Figur. Wie auch die anderen Päpste der Renaissancezeit hatte er eine sehr mächtige Stellung inne. Einerseits bediente sich Sixtus dieser Macht, um die Stadt Rom zu erneuern und mit wunderbaren Bauwerken zu verschönern, andererseits mißbrauchte er sie, um seine Verwandten zu begünstigen. Darüber hinaus kümmerte er sich nicht darum, daß der Klerus seinen seelsorgerischen Pflichten immer weniger nachkam und wollte die an ihn gerichteten, dringlichen Forderungen zur Kirchenreform nicht hören.
Es läßt sich jedoch nicht bestreiten, daß Sixtus' Bemühungen, die Stadt Rom zu verteidigen und neu aufzubauen, zu beachtenswerten Ergebnissen führten. Während des 15. Jahrhunderts hatten andere italienische Stadt-Staaten eine führende Rolle im künstlerischen und intellektuellen Leben gespielt. Doch gegen Ende des 15. Jahrhunderts mußte selbst ein Florentiner, dessen Stadt bis zu diesem Zeitpunkt das kulturelle und geistige Zentrum der Renaissance gewesen war, zugeben, daß »die Gelehrten der ganzen Welt aus eigenem Willen nach Rom strömten«. Nikolaus V., Sixtus IV. und sein Neffe Julius II. hatten die heilige Stadt Rom gerettet.

Stampato presso
GIUNTI INDUSTRIE GRAFICHE S.p.A.
Stabilimento di Prato, giugno 1993